prima.

Vokabelheft

AF222454

Ausgabe A

C.C. Buchner

prima.
Ausgabe A

Herausgegeben von Clement Utz

3. Auflage, 9. Druck 2019
Alle Drucke dieser Auflage sind, weil unverändert, nebeneinander benutzbar.

Dieses Werk folgt der reformierten Rechtschreibung und Zeichensetzung. Aus-
nahmen bilden Texte, bei denen künstlerische, philologische oder lizenzrechtliche
Gründe einer Änderung entgegenstehen.

Grafik und Satz: ARTBOX Grafik und Satz GmbH, Bremen
Druck und Bindung: Pustet, Regensburg

www.ccbuchner.de

ISBN 978-3-7661-5007-3

Liebe Schülerinnen und Schüler!

Dieses Vokabelheft soll euch dabei helfen, den lateinischen Wortschatz **prima** zu lernen und zu wiederholen. Es enthält kapitelweise die gleichen Wörter und Wendungen wie das Begleitbuch, allerdings in anderer Anordnung.

Die Vokabeln sind nach Wortarten und – wo dies möglich ist – nach Deklinations- bzw. Konjugationsklassen gegliedert. Ihr findet also zuerst die Substantive, Adjektive und Pronomina, dann die Verben, schließlich Adverbien, Konjunktionen, Subjunktionen usw.; Wendungen sind am Ende aufgeführt. Durch diese Anordnung könnt ihr euch die „grammatischen Eigenschaften" der Vokabeln besser einprägen und ihre sprachliche Einordnung wird euch bewusst.

Neben dieser lernfreundlichen Anordnung des Wortschatzes haben wir ein bequemes „Hosentaschenformat" gewählt, damit ihr das **prima**-Vokabelheft überall mitnehmen könnt. Ihr wisst ja, die Kenntnis der Wörter ist die wichtigste Voraussetzung für das Erlernen einer Sprache, besonders für das Übersetzen.

Vor allem aber sollt ihr dieses Vokabelheft zum Wiederholen des Wortschatzes verwenden.

Dazu ein paar Tipps:

1) Lernt jeden Wortschatz immer gleich, wenn ihr ihn im Unterricht behandelt habt, ganz genau und merkt euch immer alle deutschen Bedeutungen!

2) Prägt euch die Wörter nicht nur über die Augen ein, sondern sprecht sie auch laut, damit ihr sie über die Ohren aufnehmt! Vokabeln, die ihr euch schwer merken könnt, solltet ihr auch schreiben.

3) Wiederholt jeden Wortschatz möglichst noch in derselben Woche, in der ihr ihn gelernt habt, ein erstes Mal!

4) Wiederholt dann in regelmäßigen Abständen weiter zurückliegende Wortschätze nach einem festen Plan! Erst wenn ihr ein Wort auch bei der fünften Wiederholung noch beherrscht, könnt ihr euch sicher sein, dass es gut im Gedächtnis verankert ist.

5) Nutzt Hilfen zum Lernen und Wiederholen: Fragt euch gegenseitig ab, sprecht die Vokabeln auf Kassettenrekorder, schreibt sie auf Karteikarten oder arbeitet mit einem EDV-Programm: Der **prima**-Wortschatz kann mit dem Vokabeltrainer „Memodux" lektionsweise gelernt, geübt und wiederholt werden.

Da oft gerade die Stammformen der Verben Schwierigkeiten bereiten, sind diese in einem Anhang zum Nachschlagen und zum Wiederholen zusammengestellt, Ihr findet dort diejenigen Verben aus **prima**, deren Stammformen „unregelmäßig" und schwierig erscheinen.

basilica	Basilika, Halle
cūria	Kurie, Rathaus
turba	Menschenmenge, Lärm, Verwirrung
circus	Zirkus, Rennbahn
servus	Sklave
forum	Marktplatz, Forum, Öffentlichkeit
templum	Tempel
senātor	Senator
clāmāre, clāmat	laut rufen, schreien
properāre, properat	eilen, sich beeilen
rogāre, rogat	bitten, erbitten, fragen
stāre, stat	stehen
gaudēre, gaudet	sich freuen
rīdēre, rīdet	lachen, auslachen
esse, est	sein
adesse, adest	da sein
avē!	sei gegrüßt!
salvē!	sei gegrüßt!
salvēte!	seid gegrüßt!
hīc	hier
ibī	dort

subitō	plötzlich
nam	denn, nämlich
tum	da, damals, darauf, dann
et	und, auch
ubī?	wo?

2

porta	Tor
amīcus	Freund
equus	Pferd
lūdus	Spiel, Wettkampf; Schule
populus	Volk
praemium	Belohnung, Lohn, (Sieges-)Preis
sīgnum	Merkmal, Zeichen
victor *m*	Sieger
dare, dat	geben
exspectāre, exspectat	warten, erwarten
patēre, patet	offen stehen, sich erstrecken
tacēre, tacet	schweigen
accēdere, accēdit	herbeikommen, hinzukommen

currere, currit	eilen, laufen
surgere, surgit	aufstehen, sich erheben; aufrichten
sunt	sie sind
ecce	schau/schaut, sieh da/seht da!
dēnique *Adv.*	schließlich, zuletzt
diū *Adv.*	lange Zeit
hodiē *Adv.*	heute
nunc *Adv.*	jetzt, nun
tandem	endlich
etiam	auch, sogar
sed	aber, sondern

3

amīca	Freundin
bēstia	Tier
taberna	Laden, Werkstatt, Gasthaus
aedificium	Gebäude
clāmor, clāmōrem *m*	Geschrei, Lärm
mercātor, mercātōrem *m*	Kaufmann, Händler
mulier, mulierem *f*	Frau
intrāre, intrat	betreten, eintreten
spectāre, spectat	betrachten, hinsehen

vidēre, videt	sehen; darauf achten
contendere, contendit	eilen; sich anstrengen
petere, petit	(auf)suchen, (er)streben, bitten, verlangen
relinquere, relinquit	unbeachtet lassen, verlassen, zurücklassen
tollere, tollit	aufheben, in die Höhe heben, wegnehmen
vendere, vendit	verkaufen
iam *Adv.*	nun, schon
itaque *Adv.*	deshalb
statim *Adv.*	auf der Stelle, sofort
cūr?	warum?
quid?	was?
quis?	wer?
ad *m. Akk.*	an, bei, nach, zu
ante *m. Akk.*	vor
apud *m. Akk.*	bei, nahe bei
in *m. Akk.*	in (... hinein), nach (... hin), gegen *(wohin?)*
per *m. Akk.*	durch, hindurch
autem	aber, andererseits
nōn	nicht
clāmōrem tollere	ein Geschrei erheben
nōn iam *Adv.*	nicht mehr

pecūnia	Geld, Vermögen
thermae, thermās *Pl.*	Thermen, Badeanlage
dōnum	Geschenk
vīnum	Wein
adulēscēns, adulēscentem *m*	junger Mann
fūr, fūrem *m*	Dieb
senex, senem *m*	Greis, alter Mann
uxor, uxōrem *f*	Ehefrau
vestis, vestem *f*	Kleid, Kleidung
tē *Akk.*	dich
amāre, amat	lieben, gernhaben
cōgitāre, cōgitat	denken, beabsichtigen
dēlectāre, dēlectat	erfreuen, unterhalten
laudāre, laudat	loben
complēre, complet	anfüllen, erfüllen
dēpōnere, dēpōnit	ablegen, niederlegen, aufgeben
sūmere, sūmit	nehmen
vult	er (sie, es) will
certē *Adv.*	gewiss, sicherlich
numquam *Adv.*	niemals
semper *Adv.*	immer

cum *m. Abl.*	mit, zusammen mit
dē *m. Abl.*	von, von ... her, von ... herab; über
in *m. Abl.*	in, an, auf, bei *(wo?)*
prō *m. Abl.*	an Stelle von, für
tamen	dennoch, jedoch
tantum *(nachgestellt)*	nur
cōgitāre dē *m. Abl.*	denken an

5

iniūria	Beleidigung, Unrecht, Gewalttat
patria	Heimat
victōria	Sieg
barbarus *Subst.*	Ausländer, 'Barbar'
deus	Gott, Gottheit
nūntius	Bote, Nachricht
arma, arma *n Pl.*	Waffen, Gerät
perīculum	Gefahr
cōnsul, cōnsulem *m*	Konsul
dubitāre, dubitō *(m. Inf.)*	zögern
nūntiāre, nūntiō	melden

pūgnāre, pūgnō	kämpfen
dēbēre, dēbeō	müssen, sollen; schulden
dolēre, doleō *(m. Abl.)*	schmerzen; bedauern, Schmerz empfinden (über etw.)
gaudēre, gaudeō *m. Abl.*	sich freuen über etwas
licet	es ist erlaubt, es ist möglich
respondēre, respondeō	antworten, entsprechen
colere, colō	verehren, pflegen, bewirtschaften
cōnsistere, cōnsistō	haltmachen, sich aufstellen
dēfendere, defendō	abwehren, verteidigen, schützen
vīvere, vīvō	leben
palam *Adv.*	bekannt, in aller Öffentlichkeit
repente *Adv.*	plötzlich
sine *m. Abl.*	ohne
undique *Adv.*	von allen Seiten
ē/ex *m. Abl.*	aus, von ... her
quod *Subj. m. Ind.*	dass, weil

cēna	Essen, Mahlzeit
domina	Herrin
mēnsa	Tisch
puella	Mädchen
serva	Sklavin
līberī, līberōs *Pl.*	Kinder
puer, puerum	Junge, Bub
aedēs, aedēs *f Pl.*	Haus, Gebäude
māter, mātrem *f*	Mutter
tū *(betont)*	du
labōrāre, labōrō	arbeiten
ōrnāre, ōrnō	schmücken
parāre, parō	bereiten, vorbereiten; vorhaben; erwerben
portāre, portō	tragen, bringen
vocāre, vocō	rufen, nennen
iubēre, iubeō *m. Akk.*	anordnen, befehlen
placēre, placeō	gefallen
emere, emō	kaufen
mittere, mittō	(los)lassen, schicken, werfen
ostendere, ostendō	zeigen, darlegen
adesse, adsum	da sein; helfen
bene *Adv.*	gut

paulō *Adv.*	(um) ein wenig
post *m. Akk.*	hinter, nach;
Adv.	dann, später
paulō post	kurz darauf

cōpia	Menge, Möglichkeit, Vorrat
fīlia	Tochter
toga	Toga (Kleidungsstück des römischen Mannes)
tunica	Tunika (Unterkleid unter der Toga)
fīlius	Sohn
oculus	Auge
auxilium	Hilfe
cōnsilium	Beratung, Beschluss, Plan, Rat
convīvium	Gastmahl, Gelage
sacrum	Opfer, Heiligtum
verbum	Wort, Äußerung
aedēs, aedium *f Pl.*	Haus, Gebäude
pater, patris *m*	Vater

vestis, vestis	Kleid, Kleidung
(Gen. Pl. vestium*)*	
vīgintī *indekl.*	zwanzig
probāre, probō	beweisen, für gut befinden
remanēre, remaneō	(zurück)bleiben
admittere, admittō	hinzuziehen, zulassen
attingere, attingō	berühren
compōnere, compōnō	vergleichen
convertere, convertō	verändern, (um)wenden,
(in m. Akk.*)*	richten (auf)
dīcere, dīcō	sagen, sprechen
gerere, gerō	ausführen, führen, tragen
nōlle, nōlō	nicht wollen
velle, volō	wollen
circiter *Adv.*	ungefähr
prīmō *Adv.*	zuerst
nōn-ne *(im dir. Fragesatz)*	nicht?
-que	und
togam sūmere	die Toga anlegen

āra	Altar
dea	Göttin
via	Straße, Weg
lībertus	Freigelassener
patrōnus	Patron, (Schutz-)Herr
propinquus	Verwandter
gaudium	Freude
negōtium	Aufgabe, Geschäft, Angelegenheit
agmen, agminis *n*	(Heeres-)Zug
gēns, gentis *f* *(Gen. Pl. -*ium*)*	Familienverband, Stamm, Volk
mōns, montis *m* *(Gen. Pl. -*ium*)*	Berg
parēns, parentis *m/f*	Vater, Mutter
parentēs, parentum *m Pl.*	Eltern
pāx, pācis *f*	Friede
salūs, salūtis *f*	Gesundheit, Glück, Rettung, Gruß
soror, sorōris *f*	Schwester
vōx, vōcis *f*	Äußerung, Laut, Stimme
ōrāre, ōrō *(m. dopp. Akk.)*	bitten *(jmd. um etwas)*
audīre, audiō	hören

pervenīre, perveniō ad/in *m. Akk.*	kommen zu/nach
venīre, veniō	kommen
agere, agō	handeln, treiben, verhandeln
dūcere, dūcō	führen, ziehen
domum *Adv.*	nach Hause

aqua	Wasser
grātia	Ansehen, Beliebtheit, Dank, Gefälligkeit
cibus	Nahrung, Speise
dominus	Herr
hospes, hospitis *m*	Fremder, Gast, Gastgeber
iter, itineris *n*	Reise, Weg, Marsch
māiōrēs, māiōrum *m*	Vorfahren
mōs, mōris *m*	Sitte, Brauch; *Pl.* Charakter
mūnus, mūneris *n*	Aufgabe; Geschenk
ōrātiō, ōrātiōnis *f*	Rede
vōbīs *Dat.*	euch
narrāre, narrō *(dē m. Abl.)*	erzählen (von/über)
habēre, habeō	haben, halten

pārēre, pāreō	gehorchen, sich richten nach
praebēre, praebeō	geben, hinhalten
convenīre, conveniō	besuchen, zusammen- kommen, zusammenpassen
bibere, bibō	trinken
cōnsīdere, cōnsīdō	sich setzen, sich niederlassen
indūcere, indūcō	(hin)einführen, verleiten
interesse, intersum *m. Dat.*	dazwischen sein, teilnehmen an
posteā *Adv.*	nachher, später
atque	und
quoque *(nachgestellt)*	auch
grātiās agere	danken

10

poēta *m*	Dichter
prōvincia	Provinz
sinistra	linke Hand
bellum	Krieg
liber, librī	Buch
carmen, carminis *n*	Lied, Gedicht

comes, comitis *m/f*	Gefährte, Begleiter(in)
homō, hominis *m*	Mensch
imperātor, imperātōris *m*	Befehlshaber, Feldherr, Kaiser
multitūdō, multitūdinis *f*	große Zahl, Menge
urbs, urbis *f*	Stadt, Hauptstadt
(Gen. Pl. -ium*)*	
servāre, servō	bewahren, retten
placet *m. Dat.*	es gefällt jmd.,
	jmd. beschließt
scīre, sciō	kennen, verstehen, wissen
īnstituere, īnstituō	beginnen, einrichten,
	unterrichten
legere, legō	lesen, auswählen
aspicere, aspiciō	erblicken
capere, capiō	nehmen, fassen, erobern
corripere, corripiō	ergreifen, gewaltsam an sich
	reißen
cupere, cupiō	verlangen, wünschen, wollen
facere, faciō	machen, tun, handeln
deinde *Adv.*	dann, darauf
eō *Adv.*	dorthin
an	oder *(in der Frage)*
-ne *(angehängt)*	*(unübersetzte Fragepartikel)*

īra	Zorn
lacrima	Träne
rīpa	Ufer
marītus	Ehemann
mūrus	Mauer
vir, virī	Mann
calamitās, calamitātis *f*	Schaden, Unglück, Niederlage
frāter, frātris *m*	Bruder
hostis, hostis *m* (Gen. Pl. -ium)	Feind (Landesfeind)
nex, necis *f*	Mord, Tod
egō (betont)	ich
mihi Dat.	mir
sē Akk.	sich
necāre, necō, necāvī	töten
complēre, compleō, complēvī	anfüllen, erfüllen
flēre, fleō, flēvī	beklagen, (be)weinen
prohibēre, prohibeō, prohibuī (ā m. Abl.)	abhalten (von), hindern (an)
tenēre, teneō, tenuī	besitzen, festhalten, halten
mūnīre, mūniō, mūnīvī	bauen, befestigen, schützen
alere, alō, aluī	ernähren, großziehen

colere, colō, coluī	verehren, pflegen, bewirtschaften
compōnere, compōnō, composuī	vergleichen
crēdere, crēdō	anvertrauen, glauben
dēpōnere, dēpōnō, dēposuī	ablegen, niederlegen, aufgeben
petere, petō, petīvī	(auf)suchen, (er)streben, bitten, verlangen
corripere, corripiō, corripuī	ergreifen, gewaltsam an sich reißen
cupere, cupiō, cupīvī	verlangen, wünschen, wollen
esse, sum, fuī	sein, sich befinden
nōlle, nōlō, nōluī	nicht wollen
velle, volō, voluī	wollen
enim *Adv. (nachgestellt)*	nämlich, in der Tat
frūstrā *Adv.*	vergeblich
ā/ab *m. Abl.*	von, von … her
ubi *Subj. m. Ind.*	sobald
ō(h)	ach, oh!
per īram	im Zorn
(hostēs/urbem) petere	(Feinde/eine Stadt) angreifen

causa	Ursache, Sache, Prozess
mors, mortis *f*	Tod
*(Gen. Pl. -*ium*)*	
rēx, rēgis *m*	König
scelus, sceleris *n*	Verbrechen; Schurke
sors, sortis *f*	Los, Orakelspruch, Schicksal
*(Gen. Pl. -*ium*)*	
bonus, a, um	gut
magnus, a, um	groß, bedeutend
multus, a, um	viel
multa *n Pl.*	viel(es)
multī, ae	viele
superbus, a, um	stolz, überheblich
tōtus, a, um	ganz
*(Gen. *tōtīus*, Dat. *tōtī*)*	
tūtus, a, um *(ā m. Abl.)*	sicher (vor)
ultimus, a, um	der äußerste, der entfern- teste, der letzte
miser, misera, miserum	arm, erbärmlich, unglücklich
īgnōrāre, īgnōrō	nicht kennen, nicht wissen
līberāre, līberō	befreien, freilassen
occupāre, occupō	besetzen, einnehmen
terrēre, terreō, terruī	erschrecken

timēre, timeō, timuī	Angst haben, fürchten
cognōscere, cognōscō, cognōvī	erkennen, kennenlernen
expellere, expellō	vertreiben, verbannen
inquit *(in die wörtl. Rede eingeschoben)*	sagt(e) er
ita *Adv.*	so
propter *m. Akk.*	wegen
num *im dir. Fragesatz*	etwa?
et ... et	sowohl ... als auch
sī *Subj.*	falls, wenn
magnā vōce	mit lauter Stimme
nōn īgnōrāre	genau wissen, gut kennen

sententia	Antrag (im Senat), Meinung
oppidum	Stadt
proelium	Kampf, Schlacht
labor, labōris *m*	Anstrengung, Arbeit
legiō, legiōnis *f*	Legion (ca. 5000–6000 Mann)
mīles, mīlitis *m*	Soldat
moenia, moenium *n Pl.*	(Stadt-)Mauern
alius, a, ud	ein anderer
altus, a, um	hoch, tief
cūnctī, ae, a	alle (zusammen)
ūnus, a, um	ein(er), ein einziger
(Gen. ūnīus, *Dat.* ūnī*)*	
meus, a, um	mein
mē *Akk.*	mich
nōs *Nom. / Akk.*	wir / uns
nōbīs *Dat.*	uns
noster, nostra, nostrum	unser
suus, a, um	ihr, sein
tuus, a, um	dein
tibi *Dat.*	dir
vōs *Nom. / Akk.*	ihr / euch
restāre, restō	übrigbleiben; Widerstand leisten

vocāre, vocō *m. dopp. Akk.*	rufen, nennen; bezeichnen als
cēnsēre, cēnseō, cēnsuī *(m. Akk.)*	meinen, einschätzen, seine Stimme abgeben (für)
manēre, maneō, mānsī *(m. Akk.)*	bleiben, warten (auf)
rīdēre, rīdeō, rīsī	lachen, auslachen
vidēre, videō, vīdī	sehen, darauf achten
aperīre, aperiō, aperuī	aufdecken, öffnen
convenīre, conveniō, convēnī	besuchen, zusammenkommen, zusammenpassen
pervenīre, perveniō, pervēnī	kommen zu/nach
venīre, veniō, vēnī	kommen
accēdere, accēdō, accessī	herbeikommen, hinzukommen
agere, agō, ēgī	handeln, treiben, verhandeln
āmittere, āmittō, āmīsī	aufgeben, verlieren
cōnsulere, cōnsulō, cōnsuluī *(dē m. Abl.)*	befragen; beraten (über)
dīcere, dīcō, dīxī	sagen, sprechen
dūcere, dūcō, dūxī	führen, ziehen
relinquere, relinquō, relīquī	unbeachtet lassen, verlassen, zurücklassen
vincere, vincō, vīcī	(be)siegen, übertreffen
aspicere, aspiciō, aspexī	erblicken
capere, capiō, cēpī	fassen, nehmen; erobern
facere, faciō, fēcī	machen, tun, handeln

24

sōlum *Adv.*	nur
vērō *Adv.*	aber
postquam *Subj. m. Ind. Perf.*	nachdem
equidem	(ich) allerdings, freilich
alius ... alius	der eine ... der andere
nōn sōlum ... sed etiam	nicht nur ... sondern auch
ūnus ex/dē *m. Abl.*	einer von

familia	Familie, Hausgemeinschaft
vīta	Leben, Lebensweise
exemplum	Beispiel, Vorbild
crīmen, crīminis *n*	Beschuldigung, Vorwurf, Verbrechen
virtūs, virtūtis *f*	Tapferkeit, Tüchtigkeit, Vortrefflichkeit, Leistung; *Pl.* gute Eigenschaften, Verdienste
clārus, a, um	berühmt, hell, klar
falsus, a, um	falsch
sōlus, a, um	allein, einzig
quī, quae, quod	welcher, welche, welches; der, die, das

vester, vestra, vestrum	euer
appellāre, appellō	anrufen, nennen, bezeichnen
(m. dopp. Akk.)	(als)
cūrāre, cūrō *(m. Akk.)*	pflegen, sorgen für, besorgen
dēspērāre, dēspērō	die Hoffnung aufgeben (auf),
(dē m. Abl.)	verzweifeln (an)
errāre, errō	(sich) irren
superāre, superō	besiegen, überragen,
	übertreffen
remanēre, remaneō, remānsī	(zurück)bleiben
studēre, studeō, studuī	sich (wissenschaftlich)
(m. Dat.)	beschäftigen, sich bemühen
	(um), streben (nach)
nescīre, nesciō, nescīvī	nicht wissen
dēcernere, dēcernō,	beschließen, entscheiden,
dēcrēvī	zuerkennen
dīmittere, dīmittō, dīmīsī	aufgeben, entlassen
imprīmīs *Adv.*	besonders, vor allem
neque	und nicht, auch nicht,
	nicht einmal
quia *Subj. m. Ind.*	weil

īnsidiae, īnsidiārum *Pl.*	Falle, Attentat, Hinterlist
somnus	Schlaf
lūx, lūcis *f*	Licht, Tageslicht
nox, noctis *f (Gen. Pl.* -ium*)*	Nacht
paucī, ae, a	wenige
prīmus, a, um	der erste
summus, a, um	der höchste, der letzte, der oberste
duo, duae, duo	zwei
is, ea, id	dieser, diese, dieses; er, sie, es
accūsāre, accūsō	anklagen, beschuldigen
convocāre, convocō	versammeln
dare, dō, dedī	geben
excitāre, excitō	wecken, erregen, ermuntern
imperāre, imperō *(m. Dat.)*	befehlen, herrschen (über)
postulāre, postulō	fordern
restāre, restō, restitī	übrigbleiben; Widerstand leisten
stāre, stō, stetī	stehen
vītāre, vītō	meiden, vermeiden
monēre, moneō, monuī	(er)mahnen
respondēre, respondeō, respondī	antworten, entsprechen

animadvertere, animadvertō, animadvertī	bemerken, wahrnehmen
arcessere, arcessō, arcessīvī	herbeirufen, holen
attingere, attingō, attigī	berühren
claudere, claudō, clausī	abschließen, einschließen
contendere, contendō, contendī	eilen, sich anstrengen
currere, currō, cucurrī	eilen, laufen
dēfendere, dēfendō, dēfendī	abwehren, verteidigen, schützen
discēdere, discēdō, discessī	auseinandergehen, weggehen
expellere, expellō, expulī	vertreiben, verbannen
īnstituere, īnstituō, īnstituī	beginnen, einrichten, unterrichten
mittere, mittō, mīsī	(los)lassen, schicken, werfen
ostendere, ostendō, ostendī	zeigen, darlegen
pellere, pellō, pepulī	schlagen, vertreiben
surgere, surgō, surrēxī	sich aufrichten, sich erheben, aufstehen
profectō *Adv.*	sicherlich, tatsächlich
īnsidiās parāre	eine Falle stellen
multā nocte	in tiefer Nacht *(wann?)*
prīmā lūce	bei Tagesanbruch *(wann?)*

cōpiae, cōpiārum *Pl.*	Truppen
potentia	Macht
aurum	Gold
imperium	Befehl, Befehlsgewalt, Herrschaft, Herrschaftsgebiet
monumentum	Denkmal
rēgnum	(Königs-)Herrschaft, Reich
corpus, corporis *n*	Körper, Leichnam
nāvis, nāvis *f (Gen. Pl. -ium)*	Schiff
contentus, a, um *(m. Abl.)*	zufrieden (mit)
inimīcus, a, um	feindlich; *Subst.* Feind
novus, a, um	neu, ungewöhnlich
prīstinus, a, um	früher
vērus, a, um	echt, richtig, wahr
pulcher, pulchra, pulchrum	schön
ingēns, ingentis	gewaltig, ungeheuer
potēns, potentis	mächtig, stark
vehemēns, vehementis	heftig, energisch, kritisch
sibi *Dat.*	sich
praestāre, praestō, praestitī *m. Dat.*	übertreffen
temperāre, temperō *m. Akk.*	lenken, ordnen

valēre, valeō, valuī	Einfluss haben, gesund sein, stark sein
adiungere, adiungō, adiūnxī	hinzufügen, anschließen
conicere, coniciō, coniēcī	(zusammen)werfen, folgern, vermuten
perspicere, perspiciō, perspexī	erkennen, genau betrachten, sehen
cum *Subj. m. Ind.*	(immer) wenn, als (plötzlich), (zu der Zeit) als
dum *Subj.*	während, solange, (so lange) bis
etsī *Subj.*	auch wenn, obwohl
quamquam *Subj.*	obwohl
multum valēre	viel gelten
plūs valēre quam	mehr gelten als
sibi adiungere	für sich gewinnen
verba facere dē *m. Abl.*	Gespräche führen / reden über

auctor, auctōris *m*	Anführer, Gründer, Ratgeber, Verfasser
caput, capitis *n*	Kopf, Haupt; Hauptstadt
suspīciō, suspīciōnis *f*	Verdacht, Vermutung
improbus, a, um	schlecht, unanständig
īnfestus, a, um	feindlich, feindselig
manifestus, a, um	offenkundig; überführt
nōnnūllī, ae, a	einige, manche
nēmō, nēminis	niemand
indicāre, indicō	anzeigen, melden
interrogāre, interrogō	fragen
putāre, putō	glauben, meinen
putāre *m. dopp. Akk.*	halten für
continēre, contineō, continuī	festhalten
reperīre, reperiō, repperī	(wieder) finden
abdūcere, abdūcō, abdūxī	wegführen
committere, committō, commīsī	anvertrauen, veranstalten, zustande bringen
excēdere, excēdo, excessī	hinausgehen, weggehen
indūcere, indūcō, indūxī	(hin)einführen, verleiten
laedere, laedō, laesī	beschädigen, verletzen, beleidigen

quaerere, quaerō, quaesīvī	erwerben wollen, suchen
ruere, ruō, ruī	eilen, stürmen, stürzen
ēripere, ēripiō, ēripuī	entreißen
rapere, rapiō, rapuī	wegführen, rauben, wegreißen
adesse, adsum, adfuī	da sein, helfen
nūper *Adv.*	neulich, vor Kurzem
prōtinus *Adv.*	sofort
quīn *im Hauptsatz*	vielmehr; warum nicht?
nēmō nescit	jeder weiß
scelus committere	ein Verbrechen begehen

18

dextera	die rechte Hand, die Rechte
animus	Geist, Mut, Gesinnung
umerus	Oberarm, Schulter
vīres, vīrium *f*	(Streit-)Kräfte
virgō, virginis *f*	Mädchen
vīs, *Akk.* vim, *Abl.* vī *f*	Gewalt, Kraft; Menge
angustus, a, um	eng, schwierig
ambō, ambae, ambō	beide (zusammen)
plērīque, plēraeque, plēraque	die meisten, sehr viele

exīstimāre, exīstimō	(ein)schätzen, meinen
negāre, negō	verneinen, leugnen; verweigern
oportet, oportuit	es ist nötig, es gehört sich
sentīre, sentiō, sēnsī	fühlen, meinen, wahrnehmen
concēdere, concēdō, concessī	erlauben, nachgeben, zugestehen
contendere, contendō, contendī	behaupten; eilen; sich anstrengen
crēscere, crēscō, crēvī	wachsen
dēficere, dēficiō, dēfēcī	abnehmen, ermatten; verlassen, ausgehen
ante *Adv.*	vorher
immō (vērō) *Adv.*	ja sogar, vielmehr; im Gegenteil
iterum *Adv.*	wiederum
paene *Adv.*	fast, beinahe
vērō *Adv.*	aber; in der Tat, wirklich
sēcum	mit sich, bei sich
animō dēficere	den Mut sinken lassen
nōn dēbēre	nicht dürfen
iterum atque iterum	immer wieder
paulō ante	kurz vorher
quaerere ex *m. Abl.*	jmd. fragen

nauta *m*	Seemann, Matrose
pīrāta *m*	Pirat, Seeräuber
unda	Welle, Gewässer
ventus	Wind
celeritās, celeritātis *f*	Schnelligkeit
fīnis, is *m (Gen. Pl. -ium)*	Grenze, Ende; Ziel, Zweck; *Pl.* Gebiet
mare, maris *n* (*Abl. Sg. -ī; Nom. / Akk. Pl. -ia; Gen. Pl. -ium*)	Meer
adversus, a, um	entgegengesetzt, feindlich
armātus, a, um	bewaffnet
captīvus, a, um	gefangen; *Subst.* (Kriegs-)Gefangener
cēterī, ae, a	die Übrigen
obscūrus, a, um	dunkel, unbekannt
scelerātus, a, um	verbrecherisch, schädlich; *Subst.* Verbrecher
dēsīderāre, dēsīderō *m. Akk.*	sich sehnen nach, vermissen
observāre, observō	beobachten
turbāre, turbō	durcheinanderbringen, stören

volāre, volō	fliegen; eilen
sedēre, sedeō, sēdī	sitzen
quiēscere, quiēscō, quiēvī	(aus)ruhen; schlafen
trahere, trahō, trāxī	ziehen, schleppen
intus *Adv.*	im Inneren, innen
modo *Adv.*	eben (noch)
pariter *Adv.*	ebenso, gleichzeitig
at	aber, jedoch, dagegen
neque ... neque	weder ... noch
quotiēns	wie oft, so oft
in tūtō	in Sicherheit
o nōs miserōs	Ach, wir Armen/Unglücklichen!

20

fortūna	Glück, Schicksal
praeda	Beute
classis, classis *f* (Gen.Pl. -ium)	Flotte; Abteilung
grātus, a, um	dankbar, willkommen, beliebt
probus, a, um	anständig, gut
celer, celeris, celere	schnell
facilis, e	leicht (zu tun)
fortis, e	tapfer, kräftig

nōbilis, e	adelig, berühmt, vornehm
omnis, e	ganz, jeder; *Pl.* alle
īnstāre, īnstō, īnstitī	bevorstehen, hart zusetzen
cingere, cingō, cīnxī	umgeben, umzingeln
cōnsistere, cōnsistō, cōnstitī	haltmachen, sich aufstellen
dēserere, dēserō, dēseruī	verlassen, im Stich lassen
fallere, fallō, fefellī	täuschen, betrügen
regere, regō, rēxī	lenken, leiten; beherrschen
ēicere, ēiciō, ēiēcī	hinauswerfen, vertreiben
fugere, fugiō, fūgī *m. Akk.*	fliehen (vor), meiden
īre, eō, iī	gehen
adīre, adeō, adiī *m. Akk.*	herantreten (an), bitten
inīre, ineō, iniī	hineingehen; beginnen
perīre, pereō, periī	zugrunde gehen, umkommen
trānsīre, trānseō, trānsiī	hinübergehen, überschreiten, durchqueren
periī	ich bin verloren

fuga	Flucht
dolus	List, Täuschung
locus	Ort, Platz, Stelle
posterī, posterōrum *Pl.*	die Nachkommen
fātum	Schicksal, Götterspruch
lītus, lītoris *n*	Küste, Strand
regiō, regiōnis *f*	Gebiet, Gegend, Richtung
iūcundus, a, um	angenehm, erfreulich
pius, a, um	fromm, gerecht, pflicht-bewusst
crūdēlis, e	grausam
gravis, e	schwer
trīstis, e	traurig, unfreundlich
turpis, e	(sittlich) schlecht, hässlich, schändlich
libēns, libentis	gern
dōnāre, dōnō	schenken
temptāre, temptō	angreifen; prüfen, versuchen
iubēre, iubeō, iussī *(m. Akk.)*	anordnen, befehlen
crēdere, crēdō, crēdidī	anvertrauen, glauben
dēsinere, dēsinō, dēsiī	aufhören
flectere, flectō, flexī	biegen, (hin)lenken, umstimmen

prōmittere, prōmittō, prōmīsī	versprechen
adicere, adiciō, adiēcī	hinzufügen
illīc *Adv.*	dort
nimis *Adv.*	(all)zu, (all)zu sehr
sponte meā (tuā, suā)	freiwillig, aus eigener Kraft, von selbst
tam	so
sē gerere	sich verhalten

22

cūra	Sorge, Pflege
superbia	Stolz, Überheblichkeit
lēgātus	Gesandter, Bevollmächtigter
ōrāculum	Orakel, Götterspruch, Orakelstätte
supplicium	flehentliches Bitten; Strafe, Hinrichtung
cīvitās, cīvitātis *f*	Bürgerrecht; Gemeinde, Staat
lēgātiō, lēgātiōnis *f*	Gesandtschaft
sacerdōs, sacerdōtis *m/f*	Priester(in)

cōnfirmāre, cōnfirmō	bekräftigen, ermutigen, stärken
intellegere, intellegō, intellēxī	(be)merken, verstehen
statuere, statuō, statuī	aufstellen, beschließen, festsetzen
exīre, exeō, exiī	herausgehen
redīre, redeō, rediī	zurückgehen, zurückkehren
aliter *Adv.*	anders, sonst
anteā *Adv.*	vorher, früher
tandem *im Aussagesatz*	endlich;
im Fragesatz	denn eigentlich
ut *Adv.*	wie
quandō?	wann?
ac (~ atque)	und, und auch
facere fīnem *m. Gen.*	beenden, aufhören (mit)
sortem dare	einen Orakelspruch geben

23

fābula	Geschichte, Erzählung, Theaterstück
tenebrae, tenebrārum *Pl.*	Dunkelheit, Finsternis
philosophus	Philosoph
ferrum	Eisen, Waffe

mōnstrum	Wunderzeichen; Ungeheuer, Gespenst
silentium	Schweigen, Stille
vinculum	Band, Fessel; *Pl.* Gefängnis
tempus, temporis *n*	(günstige) Zeit; *Pl.* Umstände
amplus, a, um	weit, groß, bedeutend
antīquus, a, um	alt, altertümlich
īgnōtus, a, um	unbekannt
mīrus, a, um	wunderbar, erstaunlich
nocturnus, a, um	nächtlich
līber, lībera, līberum	frei
incrēdibilis, e	unglaublich
tālis, e	derartig, ein solcher, so (beschaffen)
perturbāre, perturbō	in Verwirrung bringen
commovēre, commoveō, commōvī	bewegen, veranlassen
movēre, moveō, mōvī	bewegen
permovēre, permoveō, permōvī	beunruhigen, veranlassen
perterrēre, perterreō, perterruī	sehr erschrecken, einschüchtern
invenīre, inveniō, invēnī	finden, erfinden
condūcere, condūcō, condūxī	zusammenführen; anwerben, mieten

prōcēdere, prōcēdō, processī	(vorwärts)gehen, vorrücken
sinere, sinō, sīvī	lassen, erlauben
abesse, absum, āfuī	abwesend sein, fehlen
abīre, abeō, abiī	weggehen
valē	leb' wohl!
mox *Adv.*	bald, dann
quondam *Adv.*	einst, einmal; manchmal
salūtem dīcere *m. Dat.*	jmd. grüßen

24

glōria	Ehre, Ruhm
annus	Jahr
campus	Feld, freier Platz, Ebene
officium	Dienst, Pflicht(gefühl)
cīvis, cīvis *m (Gen. Pl.* -ium)	Bürger
nōmen, nōminis *n*	Name
prex, precis *f*	Bitte; *Pl.* Gebet
religiō, religiōnis *f*	Glauben, (Gottes-)Verehrung, Frömmigkeit, Gewissenhaftigkeit; Aberglaube
sanguis, sanguinis *m*	Blut
longus, a, um	lang, weit

pūblicus, a, um	öffentlich, staatlich
complūrēs, complūra	mehrere
(Gen. complūrium)	
supplex, supplicis	demütig bittend
dare, dō, dedī, datum	geben
mandāre, mandō	einen Auftrag geben, übergeben
augēre, augeō, auxī, auctum	vermehren, vergrößern
cēnsēre, cēnseō, cēnsuī, cēnsum (m. Akk.)	meinen, einschätzen, seine Stimme abgeben (für)
commovēre, commoveō, commōvī, commōtum	bewegen, verlassen
dēbēre, dēbeō, dēbuī, dēbitum	müssen, sollen; schulden
habēre, habeō, habuī, habitum	haben, halten
movēre, moveō, mōvī, mōtum	bewegen
vidēre, videō, vīdī, vīsum	sehen, darauf achten
agere, agō, ēgī, āctum	handeln, treiben, verhandeln
colere, colō, coluī, cultum	bewirtschaften, pflegen; verehren
dēligere, dēligō, dēlēgī, dēlēctum	(aus)wählen
dūcere, dūcō, dūxī, ductum	führen, ziehen
īnstruere, īnstruō, īnstrūxī, īnstrūctum	aufstellen, ausrüsten; unterrichten
legere, legō, lēgī, lēctum	lesen, auswählen

mittere, mittō, mīsī, missum	(los)lassen, schicken, werfen
pōnere, pōnō, posuī, positum	(auf)stellen, (hin)legen, setzen
excipere, excipiō, excēpī, exceptum	aufnehmen, eine Ausnahme machen
interficere, interficiō, interfēcī, interfectum	töten, vernichten
respicere, respiciō, respexī, respectum	zurückblicken; berücksichtigen
paulātim *Adv.*	allmählich
circum *m. Akk.*	um ... herum, rings um

25

miseria	Not, Elend, Unglück
tabula	Tafel, Gemälde; Aufzeichnung
triumphus	Triumph(zug)
argentum	Silber
sīgnum	Merkmal, Zeichen; Statue
spectāculum	Schauspiel
aes, aeris *n*	Erz, Geld
dīgnitās, dīgnitātis *f*	Würde, Ansehen; (gesellschaftliche) Stellung

dux, ducis *m*	Anführer
eques, equitis *m*	Reiter, Ritter
aureus, a, um	golden
nimius, a, um	übermäßig, zu groß
praeclārus, a, um	großartig
rēgius, a, um	königlich
tantus, a, um	so groß, so viel
mortālis, e	sterblich; *Subst.* Mensch
victor, victōris *Adj.*	siegreich
hic, haec, hoc	dieser, diese, dieses (hier); folgender
ille, illa, illud	jener, jene, jenes
permovēre, permoveō, permōvī, permōtum	beunruhigen, veranlassen
incēdere, incēdō, incessī, incessum *(m. Akk.)*	heranrücken, eintreten; (jmd.) befallen
vincere, vincō, vīcī, victum	(be)siegen, übertreffen
capere, capiō, cēpī, captum	fassen, nehmen; erobern
cōnficere, cōnficiō, cōnfēcī, cōnfectum	beenden, fertigmachen
facere, faciō, fēcī, factum	machen, tun, handeln
illūc *Adv.*	dahin, dorthin
simul *Adv.*	zugleich, gleichzeitig

44

nātūra	Beschaffenheit, Natur, Wesen
silva	Wald
ager, agrī *m*	Acker, Feld, Gebiet
membrum	Glied, Körperteil
vestīgium	Fußsohle, Spur, Stelle
amor, amōris *m*	Liebe
arbor, arboris *f*	Baum
auris, auris *f (Gen. Pl. -ium)*	Ohr
dolor, dolōris *m*	Schmerz
iuvenis, iuvenis *m*	junger Mann; *Adj.* jung
vetāre, vetō, vetuī	verhindern, verbieten
ārdēre, ārdeō, ārsī	brennen
accendere, accendō, accendī, accēnsum	anfeuern, anzünden
dīcere, dīcō, dīxī, dictum	sagen, sprechen
occurrere, occurrō, occurrī	begegnen, entgegentreten
repellere, repellō, reppulī, repulsum	zurückstoßen, abweisen, vertreiben
repetere, repetō, repetīvī, repetītum	(zurück)verlangen, wiederholen
solvere, solvō, solvī, solūtum	auflösen, bezahlen, lösen
tangere, tangō, tetigī, tāctum	berühren

accipere, accipiō, accēpī, acceptum	aufnehmen, erhalten, erfahren
recipere, recipiō, recēpī, receptum	aufnehmen, wiederbekommen, zurücknehmen
dēmum *Adv.*	endlich
hinc *Adv.*	von hier, hierauf
hūc *Adv.*	hierher
magis *Adv.*	mehr, eher
rūrsus *Adv.*	wieder
inter *m. Akk.*	unter, während; zwischen
nihil/nīl	nichts
amōre accēnsus	in Liebe entflammt, verliebt
sē recipere	sich zurückziehen

audācia	Frechheit, Kühnheit
epistula	Brief
vigilia	Nachtwache, (Wach-)Posten
lectus	Bett, Liegesofa
bonum	das Gut(e)
sōlācium	Trost(mittel)
tēctum	Dach, Haus
arx, arcis f *(Gen. Pl. -ium)*	Burg
coniūnx, coniugis m/f	Gatte, Gattin
ops, opis f	Hilfe, Kraft; Pl. Macht, Mittel, Reichtum
timor, timōris m	Angst, Furcht
nūllus, a, um *(Gen. nūllīus, Dat. nūllī)*	kein
perpetuus, a, um	dauerhaft, ewig
ipse, ipsa, ipsum *(Gen. ipsīus, Dat. ipsī)*	(er, sie, es) selbst
agitāre, agitō	betreiben, überlegen
iacēre, iaceō, iacuī	liegen
sustinēre, sustineō, sustinuī	ertragen, standhalten
cōnsulere in *m. Akk.*	Maßnahmen ergreifen gegen

cōnsūmere, cōnsūmō, cōnsūmpsī, cōnsūmptum	verbrauchen, verwenden
contingere, contingō, contigī, contāctum	berühren; gelingen
dēserere, dēserō, dēseruī, dēsertum	im Stich lassen, verlassen
metuere, metuō, metuī	(sich) fürchten
nūbere, nūbō, nūpsī, nūptum *m. Dat.*	heiraten
perdere, perdō, perdidī, perditum	verlieren, verschwenden, zugrunde richten
premere, premō, pressī, pressum	(unter)drücken, bedrängen
suscipere, suscipiō, suscēpī, susceptum *m. Akk.*	auf sich nehmen, sich (einer Sache) annehmen, unternehmen
opus est *m. Abl.*	es ist nötig, man braucht
vix *Adv.*	kaum, (nur) mit Mühe
timōre agitārī	von Furcht gequält werden

terra	Erde, Land
caelum	Himmel
domus, domūs *f*	Haus
flūctus, flūctūs *m*	Flut, Strömung
gemitus, gemitus *m*	Seufzen, Stöhnen; Traurigkeit
luctus, luctūs *m*	Trauer
magistrātus, magistrātūs *m*	Amt; Beamter
manus, manūs *f*	Hand
metus, metūs *m*	Angst
mōtus, mōtūs *m*	Bewegung
senātus, senātūs *m*	Senat, Senatsversammlung, Rat
plēnus, a, um *(m. Gen.)*	voll (von/mit)
sacer, sacra, sacrum *(m. Gen.)*	geweiht, heilig
memor, memoris *m. Gen.*	in Erinnerung an
īdem, eadem, idem	derselbe, der gleiche
nōmināre, nōminō	nennen
persuādēre, persuādeō, persuāsī, persuāsum *m. Dat.*	überzeugen *(mit Acl/Inf.)*

cadere, cadō, cecidī	fallen
dēmittere, dēmittō, dēmīsī, dēmissum	hinabschicken, sinken lassen
frangere, frangō, frēgī, frāctum	zerbrechen
neglegere, neglegō, neglēxī, neglēctum	nicht (be)achten, vernachlässigen
tendere, tendō, tetendī, tentum	sich anstrengen, spannen; (aus)strecken
vertere, vertō, vertī, versum	drehen, wenden
vīvere, vīvō, vīxī	leben
intrā *m. Akk.*	innerhalb (von)
quārē	*rel. Satzanschluss:* deshalb
mōtus terrae	Erdbeben

disciplīna	Disziplin, Lehre
inopia	Mangel, Not
philosophia	Philosophie
modus	Art, Weise; Maß
fūnus, fūneris *n*	Begräbnis, Untergang
pars, partis *f (Gen. Pl.* -ium)	Richtung, Seite, Teil
patrēs (cōnscrīptī), patrum (cōnscrīptōrum) *Pl.*	Senatoren
acerbus, a, um	bitter, grausam, rücksichtslos
necessārius, a, um	notwendig
adulēscēns, adulēscentis	jung;
Subst.	junger Mann
aestimāre, aestimō	einschätzen, beurteilen
damnāre, damnō *(m. Gen.)*	verurteilen (wegen)
mūtāre, mūtō	(ver)ändern, verwandeln
vindicāre in *(m. Akk.)*	vorgehen gegen
docēre, doceō, docuī, doctum	lehren, unterrichten
exercēre, exerceō, exercuī	üben, trainieren; quälen
cognōscere, cognōscō, cognōvī, cognitum	erkennen, kennenlernen

corrumpere, corrumpō, corrūpī, corruptum	bestechen, verderben
exstinguere, exstinguō, exstīnxī, exstīnctum	auslöschen, vernichten
pellere, pellō, pepulī, pulsum	schlagen, vertreiben
reprehendere, reprehendō, reprehendī, reprehēnsum	kritisieren, wieder aufgreifen
resistere, resistō, restitī	stehenbleiben; Widerstand leisten
tollere, tollō, sustulī, sublātum	aufheben, in die Höhe heben, wegnehmen
incipere, incipiō, incēpī (coepī), inceptum	anfangen, beginnen
interest (m. Gen.)	es ist wichtig (für jmd.)
male Adv.	schlecht, schlimm
aurēs praebēre	Gehör schenken, zuhören
māgnī aestimāre	hochschätzen

venia	Gefallen, Nachsicht, Verzeihung
socius	Gefährte, Verbündeter
flāgitium	Gemeinheit, Schandtat
cūstōs, cūstōdis *m/f*	Wächter(in)
facinus, facinoris *n*	Handlung, Untat
honor/honōs, honōris *m*	Ehre, Ehrenamt
lēx, lēgis *f*	Gesetz, Bedingung
mēns, mentis *f*	Geist, Sinn, Verstand;
(Gen. Pl. -ium*)*	Meinung
aditus, aditūs *m*	Zugang
exercitus, exercitūs *m*	Heer
honestus, a, um	angesehen, ehrenhaft
invītus, a, um	ungern, gegen den Willen
difficilis, e	schwierig
impetrāre, impetrō	erreichen, durchsetzen
obsecrāre, obsecrō	anflehen, bitten
audēre, audeō	wagen
cavēre, caveō, cāvī,	sich hüten (vor),
cautum *(m. Akk.)*	Vorsorge treffen
obtinēre, obtineō, obtinuī	(in Besitz) haben, (besetzt) halten

colligere, colligō, collēgī, collēctum	sammeln
committere, committō, commīsī, commissum	anvertrauen, veranstalten, zustande bringen
condere, condō, condidī, conditum	verwahren, verbergen, bestatten
cōnstituere, cōnstituō, cōnstituī, cōnstitūtum	festsetzen, beschließen
occīdere, occīdō, occīdī, occīsum	niederschlagen, töten
ūnā *Adv.*	zugleich, zusammen
Creonte auctōre	auf Veranlassung Kreons
Creonte invītō	gegen den Willen Kreons
Polynīce duce	unter der Führung des Polyneikes
proelium committere	eine Schlacht schlagen

flamma	Feuer, Flamme
malum	Leid, Übel, Unglück
furor, furōris *m*	Wahnsinn, Wut
ratiō, ratiōnis *f*	Grund, Vernunft, Überlegung; Berechnung; Art und Weise
adventus, adventūs *m*	Ankunft
diēs, diēī *m*	Tag
fidēs, fideī *f*	Glaube, Treue, Vertrauen, Zuverlässigkeit
rēs, reī *f*	Angelegenheit, Ding, Sache
spēs, speī *f*	Erwartung, Hoffnung
vāstus, a, um	riesig; öde, verwüstet
levis, e	leicht, leichtsinnig
quisnam, quidnam	wer denn, was denn?
dubitāre, dubitō	zögern; zweifeln
praestāre, praestō, praestitī	*m. Dat.* übertreffen *m. Akk.* gewähren, leisten, zeigen
sollicitāre, sollicitō	aufhetzen, beunruhigen, erregen
libet, libuit	es gefällt
pudet, puduit	es beschämt

accidere, accidō, accidī	geschehen, sich ereignen
cēdere, cēdō, cessī, cessum	gehen, nachgeben, weichen
cōgere, cōgō, coēgī, coāctum	(ver)sammeln, zwingen
dēdere, dēdō, dēdidī, dēditum	ausliefern, übergeben
incendere, incendō, incendī, incēnsum	entflammen, in Brand stecken
dēesse, dēsum, dēfuī	abwesend sein, fehlen
subīre, subeō, subiī, subitum	auf sich nehmen, herangehen
quasi *Adv.*	gleichsam, geradezu, fast
satis *Adv.*	genug
quō	wie, wo, wohin
amōre captus	von Liebe ergriffen, verliebt
diēs noctēsque	Tage und Nächte (lang) *(wie lange?)*
fidem praestāre	die Treue halten
labōrēs subīre	Arbeiten verrichten
rēs adversae	unglückliche Umstände, Unglück
vītam agere	(sein) Leben führen

umbra	Schatten
īgnis, īgnis *m (Gen. Pl. -ium)*	Feuer
nūmen, nūminis *n*	Gottheit, göttlicher Wille
sēdēs, sēdis *f*	Platz, Sitz, Wohnsitz
cārus, a, um	lieb, teuer, wertvoll
parvus, a, um	klein, gering
saevus, a, um	schrecklich, wild, wütend
ācer, ācris, ācre	energisch, heftig, scharf
commūnis, e	gemeinsam, allgemein
dulcis, e	angenehm, süß
familiāris, e	freundschaftlich, vertraut; *Subst.* Freund
retinēre, retineō, retinuī	behalten, festhalten, zurückhalten
sē praebēre *m. Akk.*	sich zeigen (als), sich erweisen (als)
ēvenīre, ēveniō, ēvēnī, ēventum	sich ereignen
condere, condō, condidī, conditum	verwahren, verbergen, bestatten; erbauen, gründen
ēdūcere, ēdūcō, ēdūxī, ēductum	herausführen
facere *m. dopp. Akk.*	jmd. zu etwas machen

parcere, parcō, pepercī *m. Dat.*	schonen, sparen
reddere, reddō, reddidī, redditum *m. dopp. Akk.*	jmd. zu etwas machen
cōnspicere, cōnspiciō, cōnspēxī, cōnspectum	erblicken
effugere, effugiō, effūgī *(m. Akk.)*	entfliehen, entkommen
saepe *Adv.*	oft
extrā *m. Akk.*	außerhalb (von)
quō ... eō	je ... desto
quam	als, wie; *mit Superlativ:* möglichst

lingua	Rede, Sprache
pretium	Preis, Wert Geld
portus, portūs *m*	Hafen
ūsus, ūsūs *m*	Benutzung, Nutzen
dīversus, a, um	entgegengesetzt, feindlich, verschieden
maximus, a, um	der größte, sehr groß
minimus, a, um	der kleinste, der geringste
optimus, a, um	der beste, sehr gut
plūrimī, ae, a	sehr viele
māior, māiōris	größer
melior, meliōris	besser
minor, minōris	geringer, kleiner
plūrēs, a	mehr
superior, superiōris	der frühere, der weiter oben gelegene
cōnstāre, cōnstō, cōnstitī	feststehen; kosten
lavāre, lavō, lāvī, lautum	waschen, reinigen
optāre, optō	wünschen
cōnsulere, cōnsulō, cōnsuluī, cōnsultum	*m. Akk.* befragen
	m. Dat. sorgen für
	dē *m. Abl.* beraten über
	in *m. Akk.* Maßnahmen ergreifen gegen

emere, emō, ēmī, ēmptum	kaufen
vehere, vehō, vēxī, vectum	fahren, tragen, ziehen
sūmere, sūmō, sūmpsī, sūmptum	nehmen
maximē *Adv.*	am meisten, besonders
scīlicet *Adv.*	freilich, natürlich, selbstverständlich
etiam *m. Komparativ*	noch
quippe	freilich
cūrae esse *m. Dat.*	jmd. Sorge bereiten, jmd. wichtig sein
honōrī esse *m. Dat.*	jmd. Ehre verschaffen
magnō cōnstāre	viel kosten, teuer sein
magnō pretiō emere / vendere	(für einen hohen Preis) teuer kaufen / verkaufen
manus manum lavat	eine Hand wäscht die andere
ūsuī esse	von Nutzen sein

34

ingenium	Begabung, Talent
ōtium	freie Zeit, Ruhe (von berufl. Tätigkeit)
genus, generis *n*	Abstammung, Art, Geschlecht
voluptās, voluptātis *f*	Lust, Vergnügen
sūmptus, sūmptūs *m*	der Aufwand, die Kosten
ēgregius, a, um	ausgezeichnet, hervorragend
varius, a, um	bunt, verschieden, vielfältig
mīlitāris, e	Kriegs-, militärisch
aliquis, aliquid *(Gen. alicuius usw.)*	(irgend)jemand
cēnāre, cēnō	essen
pertinēre, pertineō *(ad m. Akk.)*	betreffen, gehören (zu), sich erstrecken (bis)
nōscere, nōscō, nōvī, nōtum	erkennen, kennenlernen
praeesse, praesum, praefuī *m. Dat.*	an der Spitze stehen, leiten
inde *Adv.*	von dort; darauf; deshalb
multum *Adv.*	sehr, viel
postrēmō *Adv.*	schließlich
rēctē *Adv.*	geradeaus, richtig, zu Recht

ob *m. Akk.*	wegen; für
multōs annōs	viele Jahre (lang) *(wie lange?)*
nōmine	namens
nōn modo ... sed etiam	nicht nur ... sondern auch
nō(vi)sse, nōvī *Perf.*	kennen, wissen
quid ad rem pertinet?	was tut das zur Sache?
quid novī?	was an Neuigkeiten?
quis vestrum?	wer von euch?
sūmptūs facere	Ausgaben tätigen
ubī terrārum?	wo in aller Welt?

memoria	Erinnerung, Gedächtnis; Zeit
statūra	Gestalt, Statur
morbus	Krankheit
praesidium	(Wach-)Posten, Schutztruppe
theātrum	Theater
aedis, aedis f (Gen. Pl. -ium)	Tempel; Pl. Haus, Gebäude
condiciō, condiciōnis f	Bedingung, Lage, Verabredung
magnitūdō, magnitūdinis f	Größe
impius, a, um	gottlos, gewissenlos
laetus, a, um	froh; fruchtbar
quīdam, quaedam, quoddam	ein gewisser, irgendeiner; Pl. einige
āvertere, āvertō, āvertī, āversum	abwenden, vertreiben
cernere, cernō	sehen, bemerken
dēscendere, dēscendō, dēscendī, dēscēnsum	herabsteigen
scrībere, scrībō, scrīpsī, scrīptum	beschreiben, schreiben
vīsere, vīsō, vīsī, vīsum	besichtigen, besuchen
ferre, ferō, tulī, lātum	bringen, tragen; ertragen

afferre, afferō, attulī, allātum	bringen, herbeibringen, mitbringen; melden
auferre, auferō, abstulī, ablātum	rauben, wegbringen
cōnferre, cōnferō, cōntulī, collātum	vergleichen, zusammentragen
forās *Adv.*	heraus, hinaus *(wohin?)*
minus *Adv.*	weniger
postrēmō *Adv.*	schließlich; kurz (gesagt)
prius *Adv.*	früher, zuerst
tunc *Adv.*	damals, dann
atque / ac	und, und auch
	im Vergleich: wie, als
ēiusmodī *indekl.*	derartig, so beschaffen
illud philosophōrum	jenes bekannte Wort der Philosophen
memoriā tenēre	im Gedächtnis behalten

lībertīnus	Freigelassener
laus, laudis *f*	Lob, Ruhm
pēs, pedis *m*	Fuß
ōs, ōris *n*	Gesicht, Mund
idōneus, a, um	geeignet, passend
rārus, a, um	selten, vereinzelt
singulus, a, um	je ein, jeder einzelne
mollis, e	weich, angenehm; freundlich
trēs, trēs, tria	drei
dīligēns, dīligentis	gewissenhaft, sorgfältig
dīves, dīvitis	reich
cantāre	singen
spectāre, spectō	betrachten, hinsehen; anstreben
impōnere, impōnō, imposuī, impositum	auferlegen, (hin)einsetzen
modo *Adv.*	eben (noch); nur
nimium *Adv.*	(all)zu, (all)zu sehr
quārē	weshalb, wodurch; *rel. Satzanschluss:* deshalb
unde	woher
hercule(s)!	beim Herkules!
nōndum	noch nicht
bona animī	innere Werte

in ōre omnium esse	in aller Munde sein
laudī esse	lobenswert sein
mihī magnae cūrae est	es ist mir sehr wichtig
quid āctum est?	was ist passiert?

37

littera	Buchstabe; *Pl.* Brief; Literatur, Wissenschaft
poena	Strafe
numerus	Menge, Zahl
vulgus, vulgī *n*	die Leute (aus dem Volk), der Pöbel, die große Masse
iūdicium	Gericht, Urteil
iuventūs, iuventūtis *f*	Jugend
nōbilitās, nōbilitātis *f*	Adel, vornehme Abstammung
ōrdō, ōrdinis *m*	Ordnung, Reihe, Stand
plēbs, plēbis *f*	(nicht adeliges, einfaches) Volk
potestās, potestātis *f*	(Amts-)Gewalt, Macht
sermō, sermōnis *m*	Äußerung, Gerede, Gespräch, Sprache

sīdus, sīderis *n*	Stern, Sternbild
manus, manūs *f*	Hand; Schar (von Bewaffneten)
versus, versūs *m*	Zeile, Vers
frequēns, frequentis	häufig, zahlreich
aperīre, aperiō, aperuī, apertum	aufdecken, öffnen
cōnsuēscere, cōnsuēscō, cōnsuēvī, cōnsuētum	sich gewöhnen (an); *Perf.:* gewohnt sein
discere, discō, didicī	lernen, erfahren
trādere, trādō, trādidī, trāditum	übergeben, überliefern
rapere, rapiō, rapuī, raptum	wegführen, rauben, wegreißen
posse, possum, potuī	können
plūrimum *Adv.*	am meisten, sehr viel
causā *(nachgestellt) m. Gen.*	wegen
aut	oder
tametsī	obwohl
causam afferre	als Grund nennen
litterīs mandāre	schriftlich festhalten, aufschreiben
memoriae studēre	das Gedächtnis üben
multum/omnia posse	(viel/alles können) große/unumschränkte Macht haben

amīcitia	Freundschaft
licentia	Freiheit, Willkür
vīcus	Dorf, Gasse
auxilium	Hilfe; *Pl.* Hilfstruppen
castra, castrōrum *Pl.*	Lager
auctōritās, auctōritātis *f*	Ansehen, Einfluss, Macht
lībertās, lībertātis *f*	Freiheit
obses, obsidis *m/f*	Geisel
prīnceps, prīncipis *m*	der Erste, der führende Mann
centum *indekl.*	hundert
dēmōnstrāre, dēmōnstrō	beweisen, darlegen
revocāre, revocō	zurückrufen
addūcere, addūcō, addūxī, adductum	heranführen, veranlassen
cōnscrībere, cōnscrībō, cōnscrīpsī, cōnscrīptum	aufschreiben, verfassen
cōnsīdere, cōnsīdō, cōnsēdī	sich setzen, sich niederlassen
contendere, contendō, contendī	eilen; sich anstrengen, kämpfen; behaupten
poscere, poscō, poposcī	fordern, verlangen
efficere, efficiō, effēcī, effectum	bewirken, herstellen

referre, referō, rettulī, relātum	(zurück)bringen, berichten
adhūc *Adv.*	bis jetzt, noch
facile *Adv.*	leicht (zu tun)
cum *Subj. m. Konj.*	als, nachdem; weil; obwohl; während (dagegen)
nē *Subj. m. Konj.*	dass nicht, damit nicht; dass *(nach Ausdrücken des Fürchtens und Hinderns)*
ut *Subj. m. Konj.*	dass, sodass, damit
dēficere ā *m. Abl.*	abfallen von
mīlitēs cōnscrībere	Soldaten anwerben
novīs rēbus studēre	nach Umsturz streben
timēre, nē	fürchten, dass

laetitia	Freude
vīlla	Haus, Landhaus
beneficium	Wohltat
frūmentum	Getreide
ōtium	freie Zeit, Ruhe (von berufl. Tätigkeit); Frieden
aetās, aetātis *f*	Lebensalter, Zeitalter, Zeit
ars, artis *f (Gen. Pl.* -ium)	Eigenschaft, Fertigkeit, Kunst
flūmen, flūminis *n*	Fluss
orbis, orbis *m (Gen. Pl.* -ium)	Kreis(lauf); Erdkreis, Welt
testis, testis *m/f* (Gen. Pl. -ium)	Zeuge
frūctus, frūctūs *m*	Ertrag, Frucht, Nutzen
speciēs, speciēī *f*	Anblick, Aussehen, Schein
apertus, a, um	offen, offenkundig
quantus, a, um	wie groß, wie viel
aedificāre, aedificō	bauen
labōrāre *m. Abl.*	leiden (an)
prōvidēre, prōvideō, prōvīdī, prōvīsum (ut)	dafür sorgen (dass)
gerere, gerō, gessī, gestum	ausführen, führen, tragen

perficere, perficiō, perfēcī, perfectum	erreichen, fertigstellen, vollenden
efferre, efferō, extulī, ēlātum	herausheben, hervorbringen
igitur *Adv.*	also, folglich
-ne *im indir. Fragesatz*	ob
-ne ... an	ob ... oder
num *im indir. Fragesatz*	ob
utrum ... an	ob ... oder
orbis terrārum	Erdkreis
rēs gestae	Taten
rēs pūblica	Staat

40

sententia	Antrag (im Senat), Meinung; Satz, Sinn
gladius	Schwert
dictum	Ausspruch
cultus, cultūs *m*	Bildung, Lebensweise
impetus, impetūs *m*	Angriff, Schwung
barbarus, a, um	ausländisch, unzivilisiert; *Subst.* Ausländer, 'Barbar'
ferus, a, um	wild

vīvus, a, um	lebend, lebendig
grandis, e	alt; bedeutend, groß
pār, paris	ebenbürtig, gleich
vetus, veteris	alt
iste, ista, istud	dieser (da)
(Gen. istīus, *Dat.* istī*)*	
cōnservāre, cōnservō	retten (vor), bewahren
(ā *m. Abl.)*	
oppūgnāre, oppūgnō	angreifen
solēre, soleō *(m. Inf.)*	gewöhnlich etwas tun,
	gewohnt sein
circumvenīre,	umringen, umzingeln
circumveniō, circumvēnī,	
circumventum	
occidere, occidō, occidī	umkommen, untergehen
sapere, sapiō, sapiī	Geschmack haben,
	Verstand haben
gaudiō esse	Freude bereiten

fēmina	Frau
lūna	Mond
cōnsuētūdō, cōnsuētūdinis *f*	Gewohnheit
hiems, hiemis *f*	Winter, Unwetter
sōl, sōlis *m*	Sonne
tempestās, tempestātis *f*	Sturm, (schlechtes) Wetter; Zeit
hūmānus, a, um	gebildet, menschlich
reliquus, a, um	künftig, übrig
sānctus, a, um	ehrwürdig, heilig
asper, aspera, asperum	rau; streng
immortālis, e	unsterblich
plūs, plūris	mehr
quisquis, quaequae, quidquid (quicquid)	jeder, der
habitāre, habitō	bewohnen, wohnen
dēdūcere, dēdūcō, dēdūxī, dēductum	hinführen, wegführen
relinquere, relinquō, relīquī, relictum	unbeachtet lassen, verlassen, zurücklassen
differre, differō, distulī, dīlātum *(ā m. Abl.)*	sich unterscheiden (von)

alibī *Adv.*	anderswo
intereā *Adv.*	inzwischen, unterdessen
praetereā *Adv.*	außerdem
prope *Adv.*	nahe; beinahe
nisī *Subj.*	wenn nicht
quīn *Subj. m. Konj.*	dass *(in festen Wendungen)*
utinam	hoffentlich, wenn doch!
bene vertere	zum Guten wenden
cōnsuētūdō vītae	gewohnte Lebensweise
īrā incēnsus	zornentbrannt
nōn dubitō, quīn	ich zweifle nicht, dass
Rōmae	in Rom

cella	Kammer, Keller, Tempel(raum)
pūgna	Kampf
turris, turris *f*	Turm
(Abl. Sg. -ī; Gen. Pl. -ium)	
cultus, cultūs *m*	Bildung, Lebensweise; Pflege, Verehrung
exitus, exitūs *m*	Ausgang, Ende
dūrus, a, um	hart
futūrus, a, um	zukünftig, kommend
posterus, a, um	folgend
secundus, a, um	der zweite, günstig
incolumis, e	unverletzt, wohlbehalten
memorāre, memorō	erwähnen, sagen
spērāre, spērō	erwarten, hoffen
manēre, maneō, mānsī, mānsūrum *(m. Akk.)*	bleiben, warten, warten auf
prōvidēre, prōvideō, prōvīdī, prōvīsum *m. Akk.*	vorhersehen
respondēre, respondeō, respondī, respōnsum	antworten, entsprechen
excēdere, excēdō, excessī, excessum	hinausgehen, weggehen
petere, petō, petīvī, petītum	(auf)suchen, (er)streben, bitten, verlangen

75

requīrere, requīrō, requisīvī, requisītum	aufsuchen, sich erkundigen, verlangen
obicere, obiciō, obiēcī, obiectum	darbieten, vorwerfen
īre, eō, iī, itum	gehen
redīre, redeō, rediī, reditum	zurückgehen, zurückkehren
prōferre, prōferō, prōtulī, prōlātum	(hervor)holen, zur Sprache bringen
multō *Adv.*	(um) viel
suprā *Adv.*	darüber hinaus, oben
contrā *m. Akk.*	gegen
aut ... aut	entweder ... oder
nec / neque	und nicht, auch nicht, nicht einmal
haud	nicht
auxilium petere	um Hilfe bitten
bonō animō esse	guten Mutes / zuversichtlich sein
ex illō tempore	seit jener Zeit
nec ... nec	weder ... noch
rem bene gerere	etwas gut durchführen, Erfolg haben
rēs futūrae	Zukunft
rēs secundae	Glück
sē alicui obicere	sich jmd. entgegenwerfen, sich auf jmd. stürzen

caedēs, caedis f (Gen. Pl. -ium)	Blutbad, Mord
mūnītiō, mūnītiōnis f	Bau, Befestigung
servitūs, servitūtis f	Sklaverei
voluntās, voluntātis f	Absicht, Wille, Zustimmung
aciēs, aciēī f	Schlachtordnung, Schlacht
incertus, a, um	ungewiss, unsicher
tertius, a, um	der dritte
āter, ātra, ātrum	schwarz, düster
recēns, recentis	frisch, neu
vindicāre, vindicō	beanspruchen, bestrafen
prōvidēre, prōvideō, prōvīdī, prōvīsum	*m. Akk.* vorhersehen *m. Dat.* sorgen für
venīre, veniō, vēnī, ventum	kommen
tegere, tegō, tēxī, tēctum	bedecken, schützen, verbergen
parere, pariō, peperī, partum	zur Welt bringen; schaffen
subicere, subiciō, subiēcī, subiectum	darunterlegen, unterwerfen
fierī, fīō, factus sum	gemacht werden; geschehen, werden

īnferre, īnferō, intulī, illātum	hineintragen, zufügen
potius *Adv.*	eher, lieber
quidem *Adv.*	freilich, gewiss, wenigstens, zwar
vulgō *Adv.*	allgemein, gewöhnlich
an *im indir. Fragesatz*	ob (nicht)
bellum īnferre *(m. Dat.)*	angreifen
castra pōnere	ein Lager bauen / aufschlagen
nihil pertinet *(ad m. Akk.)*	es ist unwichtig / hat keine Bedeutung (für)
victōriam parere *(dē m. Abl.)*	einen Sieg (über jmd.) davontragen

hōra	Stunde, Zeit
mōra	Aufenthalt, Verzögerung
libellus	kleines Buch, Heft
studium	Beschäftigung, Engagement, Interesse
cupiditās, cupiditātis *f* *(m. Gen.)*	(heftiges) Verlangen (nach), Leidenschaft
error, errōris *m*	Irrtum, Fehler
opus, operis *n*	Arbeit, Werk
sēnsus, sēnsūs *m*	Gefühl, Sinn, Verstand
cupidus, a, um *(m. Gen.)*	(be)gierig (nach)
dīvīnus/dīvus, a, um	göttlich
indīgnus, a, um *(m. Abl.)*	unwürdig (einer Sache)
parātus, a, um	fertig, bereit
quīcumque, quaecumque, quodcumque	jeder, der; wer auch immer
recitāre, recitō	vorlesen, vortragen
comprehendere, comprehendō, comprehendī, comprehēnsum	begreifen, ergreifen, festnehmen
praecipere, praecipiō, praecēpī, praeceptum	(be)lehren, vorschreiben

ergō *Adv.*	also
interim *Adv.*	inzwischen
minimē *Adv.*	am wenigsten, überhaupt nicht
vērum *Adv.*	aber
quamobrem	warum
tam ... quam	so ... wie
hōra abit	die Zeit verfliegt
nihil (aliud) nisi	nichts anderes als, nichts außer, nur
quid aliud?	was sonst?
tempus cōnsūmere	die Zeit aufbrauchen / verschwenden

invidia	Neid
factum	Handlung, Tat, Tatsache
odium	Hass
opīniō, opīniōnis *f*	Meinung, (guter) Ruf
pudor, pudōris *m*	Scham(gefühl); Anstand
īgnārus, a, um *(m. Gen.)*	ohne Kenntnis, unwissend
inīquus, a, um	ungerecht, ungleich
nūdus, a, um	nackt
stultus, a, um	dumm
comparāre, comparō	vergleichen
cōnstāre ex *m. Abl.*	bestehen aus
invenīre, inveniō, invēnī, inventum	finden, erfinden
compōnere, compōnō, composuī, compositum	abfassen, ordnen, schlichten; vergleichen
ēdere, ēdō, ēdidī, ēditum	herausgeben, bekannt-machen
omittere, omittō, omīsī, omissum	aufgeben, beiseitelassen
pergere, pergō, perrēxī	aufbrechen, weitermachen
afficere, afficiō, affēcī, affectum *m. Abl.*	versehen mit

praeterīre, praetereō, praeteriī, praeteritum	übergehen, vorbeigehen
adeō *Adv.*	so sehr
forte *Adv.*	zufällig
quemadmodum	auf welche Weise (auch immer), wie
quasi *Subj.*	wie wenn, als ob
praesertim (cum)	besonders (da / weil)
tot	so viele
dolōribus afficere aliquem	jmd. Schmerzen zufügen
odiō incēnsus	voller Hass
rēs ita sē habet	die Sache verhält sich so
ut opīniō mea est	meiner Meinung nach
valēre ad *m. Akk.*	taugen zu

fōrma	Form, Gestalt, Schönheit
lūmen, lūminis *n*	Licht, Auge
aliēnus, a, um	fremd
dīgnus, a, um *(m. Abl.)*	wert, würdig (einer Sache)
brevis, e	kurz
quālis, e	wie (beschaffen)
iūdicāre, iūdicō	beurteilen, urteilen
temperāre, temperō *(ā m. Abl.)*	sich fernhalten (von);
	m. Dat. maßvoll gebrauchen, zurückhalten;
	m. Akk. lenken, ordnen
latēre, lateō, latuī	verborgen sein
addere, addō, addidī, additum	hinzufügen
fingere, fingō, fīnxī, fictum	gestalten, sich (etwas) ausdenken
permittere, permittō, permīsī, permissum	erlauben, überlassen
ōdisse, ōdī *Perf.*	hassen
omnīnō *Adv.*	insgesamt, überhaupt, völlig
umquam *Adv.*	jemals
adversus	*m. Akk.* gegen;
	Adv. entgegen

nē *im Hauptsatz*	nicht *(verneinter Befehl oder Wunsch);*
Subj. m. Konj.	dass nicht, damit nicht; dass *(nach Ausdrücken des Fürchtens und Hinderns)*
bene facere, quod	gut daran tun, dass
in deum crēdere	an Gott glauben
inter eōs cōnstat	es steht für sie fest
quod māius est	was noch wichtiger ist

47

simulācrum	Bild, Bildnis, Nachbildung, Schatten (eines Toten)
animal, animālis *n* (*Abl. Sg.* -ī; *Nom./Akk. Pl.* -ia; *Gen. Pl.* -ium)	Lebewesen, Tier
imāgō, imāginis *f*	Abbild, Bild
cōnscius, a, um *(m. Gen.)*	bewusst, eingeweiht (in); *Subst.* Teilnehmer, Zeuge
nefārius, a, um	gottlos, verbrecherisch
nōtus, a, um	bekannt
peccāre, peccō	einen Fehler machen, sündigen

praedicāre, praedicō	behaupten
comperīre, comperiō, comperī, compertum	(genau) erfahren
reperīre, reperiō, repperī, repertum	(wieder)finden
dīligere, dīligo, dīlēxī, dīlēctum	hochachten, lieben
exigere, exigō, exēgī, exāctum	(ein)fordern, vollenden
quaesere, quaesō	bitten
āiō *(3. Pers. Sg.* āit, *3. Pers. Pl.* āiunt*)*	behaupte(te) ich, sag(t)e ich
praeferre, praeferō, praetulī, praelātum	vorziehen
sānē *Adv.*	allerdings, gewiss; meinetwegen
ūsque ad *m. Akk.*	bis zu
quoniam *Subj. m. Ind.*	da ja, da nun

anima	Atem, Leben
commodum	Bequemlichkeit, Vorteil
indicium	Anzeige, Kennzeichen
beātus, a, um	glücklich, reich
iūstus, a, um	gerecht
placidus, a, um	friedlich, ruhig, sanft
ūniversus, a, um	gesamt; *Pl.* alle (zusammen)
fēlīx, fēlīcis	erfolgreich, glückbringend, glücklich
trīginta *indekl.*	dreißig
convertere, convertō, convertī, conversum	verändern, (um)wenden; richten (auf)
opprimere, opprimō, oppressī, oppressum	bedrohen, niederwerfen, unterdrücken
prōspicere, prōspiciō, prōspexī, prōspectum	schauen auf, sehen
ferē *Adv.*	beinahe, fast; ungefähr
prōrsus *Adv.*	überhaupt, völlig
sīc *Adv.*	so
nam(que)	denn, nämlich
vel … vel	entweder … oder
quamvīs *Subj. m. Konj.*	wenn auch;
Adv.	beliebig, wie du willst

sīcut	(so) wie
eā ratiōne, ut	in der Absicht, dass

49

īnferī, īnferōrum *Pl.*	Bewohner der Unterwelt, Unterwelt
superī, superōrum *Pl.*	die Götter
pectus, pectoris *n*	Brust, Herz
proximus, a, um	der nächste
salvus, a, um	gesund, unversehrt
praesēns, praesentis	anwesend, gegenwärtig
decem *indekl.*	zehn
mīlle *Sg. indekl.*	tausend
Pl. mīlia, mīlium	
hortārī, hortor, hortātus sum	auffordern, ermahnen
mīrārī, mīror, mīrātus sum	bewundern, sich wundern
morārī, moror, morātus sum	(sich) aufhalten
tuērī, tueor *m. Akk.*	betrachten, schützen, (milit.) sichern, sorgen für
verērī, vereor, veritus sum	fürchten, sich scheuen; verehren

vidērī, videor, vīsus sum	scheinen, gelten (als)
servīre, serviō	dienen, Sklave sein
ēgredī, ēgredior, ēgressus sum	herausgehen, verlassen
loquī, loquor, locūtus sum	reden, sprechen
morī, morior, mortuus sum	sterben
nāscī, nāscor, nātus sum	entstehen, geboren werden
proficīscī, proficīscor, profectus sum	(ab)reisen, aufbrechen
ūtī, ūtor, ūsus sum *m. Abl.*	benutzen, gebrauchen
priusquam *Subj. m. Ind.*	bevor, eher als
in lūcem prōferre	ans Licht bringen, verraten

culpa	Schuld
saeculum	Jahrhundert, Menschenalter, Zeit(alter)
iūdex, iūdicis *m*	Richter
iūs, iūris *n*	Recht
nātiō, nātiōnis *f*	Volk, Volksstamm
aeternus, a, um	ewig
īnfēlīx, īnfēlīcis	unglücklich
cessare, cessō	rasten, zögern
iuvāre, iuvō, iūvī	unterstützen, erfreuen
opīnārī, opīnor	glauben, meinen
possidēre, possideō, possēdī, possessum	besitzen
pollicērī, polliceor, pollicitus sum	versprechen
querī, queror, questus sum *(m. Akk.)*	klagen; sich beklagen (über)
orīrī, orior, ortus sum	entstehen, sich erheben
coniungere, coniungō, coniūnxī, coniūnctum	verbinden, vereinigen
prōpōnere, prōpōnō, prōposuī, prōpositum	darlegen, in Aussicht stellen

aggredī, aggredior, aggressus sum	angreifen, herangehen
cōnsequī, cōnsequor, cōnsecūtus sum	erreichen, nachfolgen
patī, patior, passus sum	(er)leiden, ertragen, zulassen
prōgredī, prōgredior, prōgressus sum	vorrücken, weitergehen
sequī, sequor, secūtus sum *m. Akk.*	folgen
proinde *Adv.*	also, daher
sub	*m. Abl.* unten an / bei, unter *(wo?)*; *m. Akk.* nahe an ... heran, unter *(wohin?)*
iūre optimō	mit vollem Recht
monēre, nē	warnen, dass

Stammformen wichtiger Verben

Die folgende Liste enthält diejenigen Verben mit „unregelmäßiger"
Perfektbildung, zu denen in **prima** Perfekt- (und PPP-) Formen
vorkommen.

Die aktiven Verben sind nach ihrer Zugehörigkeit zu den ver-
schiedenen Konjugationsklassen aufgeführt, dann folgen die
Deponentien und andere „schwierige" Verben.

Innerhalb der Konjugationsklassen sind die Verben nach der Art
ihrer Perfektbildung (also **v-**, **u-**, **s**-Perfekt usw.) zusammengestellt, und zwar in alphabetischer Reihenfolge; Komposita stehen
unmittelbar beim jeweiligen Verbum simplex (z. B. **promittere**
bei **mittere**).

Durch diese Anordnung fallen euch gleich bzw. ähnlich gebildete
Stammformen stärker ins Auge und ihr könnt sie euch besser
einprägen.

Nicht aufgeführt sind die als „regelmäßig" geltenden Verben der
ā- und ī-Konjugation mit **v**-Perfekt sowie der ē-Konjugation mit
u-Perfekt (und PPP auf **-itum**); z. B.:

vocāre	vocō, vocāvī, vocātum
	rufen, nennen
audīre	audiō, audīvī, audītum
	hören
monēre	moneō, monuī, monitum
	(er)mahnen

Verben der ā-Konjugation

vetāre
vetō, vetuī
verhindern, verbieten

iuvāre
iuvō, iūvī
unterstützen, erfreuen

lavāre
lavō, lāvī, lautum
waschen, reinigen

dare
dō, dedī, datum
geben

stāre
stō, stetī
stehen

cōnstāre
cōnstō, cōnstitī
feststehen, kosten

īnstare
īnstō, īnstitī
bevorstehen, hart zusetzen

praestāre
praestō, praestitī
m. Dat. übertreffen
m. Akk. gewähren, leisten, zeigen

restāre
restō, restitī
übrigbleiben; Widerstand leisten

Verben der ē-Konjugation

flēre	fleō, flēvī beklagen, (be)weinen
complēre	compleō, complēvī anfüllen, erfüllen
cēnsēre	cēnseō, cēnsuī, cēnsum *(m. Akk.)* meinen, einschätzen, seine Stimme abgeben (für)
docēre	doceō, docuī, doctum lehren, unterrichten
tenēre	teneō, tenuī besitzen, festhalten, halten
continēre	contineō, continuī festhalten
obtinēre	obtineō, obtinuī (in Besitz) haben, (besetzt) halten
retinēre	retineō, retinuī behalten, festhalten, zurückhalten
ārdēre	ārdeō, ārsī, ārsūrum brennen
augēre	augeō, auxī, auctum vermehren, vergrößern
iubēre	iubeō, iussī *m. Akk.* anordnen, befehlen

manēre	maneō, mānsī, mansūrum *(m. Akk.)* bleiben, warten, warten (auf)
remanēre	remaneō, remānsī (zurück)bleiben
rīdēre	rīdeō, rīsī lachen, auslachen
persuādēre	persuādeō, persuāsī, persuāsum *m. Dat.* überzeugen *(mit AcI/Inf.)*
cavēre	caveō, cāvī, cautum *m. Akk.* sich hüten (vor), Vorsorge treffen
movēre	moveō, mōvī, motum bewegen
commovēre	commoveō, commōvī, commōtum bewegen, veranlassen
permovēre	permoveō, permōvī, permōtum beunruhigen, veranlassen
sedēre	sedeō, sēdī sitzen
possidēre	possideō, possēdī, possessum besitzen
vidēre	videō, vīdī, vīsum sehen, darauf achten

prōvidēre	prōvideō, prōvīdī, prōvīsum
	m. Dat. sorgen für
	m. Akk. vorhersehen
respondēre	respondeō, respondī, respōnsum
	antworten, entsprechen

Verben der ī-Konjugation

mūnīre	mūniō, mūnīvī
	bauen, befestigen, schützen
nescīre	nesciō, nescīvī
	nicht wissen
aperīre	aperiō, aperuī, apertum
	aufdecken, öffnen
sentīre	sentiō, sēnsī
	fühlen, meinen, wahrnehmen
venīre	veniō, vēnī, ventum
	kommen
circumvenīre	circumveniō, circumvēnī,
	circumventum
	umringen, umzingeln
convenīre	conveniō, convēnī
	besuchen, zusammenkommen,
	zusammenpassen

ēvenīre	ēveniō, ēvēnī, ēventum
	sich ereignen
invenīre	inveniō, invēnī, inventum
	finden, erfinden
pervenīre	perveniō, pervēnī (ad/in *m. Akk.*)
	kommen zu/nach
comperīre	comperiō, comperī, compertum
	(genau) erfahren
reperīre	reperiō, repperī, repertum
	(wieder)finden

Verben der konsonantischen Konjugation

arcessere	arcessō, arcessīvī
	herbeirufen, holen
dēcernere	dēcernō, dēcrēvī
	beschließen, entscheiden, zuerkennen
cōnsuēscere	cōnsuēscō cōnsuēvī, cōnsuētum
	sich gewöhnen (an); *Perf.:* gewohnt sein
crēscere	crēsco, crēvī
	wachsen
nōscere	nōscō, nōvī, nōtum
	erkennen, kennenlernen

cognōscere	**cognōscō, cognōvī, cognitum** erkennen, kennenlernen
petere	**petō, petīvī, petītum** (auf)suchen, (er)streben, bitten, verlangen
repetere	**repetō, repetīvī, repetītum** (zurück)verlangen, wiederholen
quaerere	**quaerō, quaesīvī** erwerben wollen, suchen
requīrere	**requīrō, requisīvī, requisītum** aufsuchen, sich erkundigen, verlangen
quiēscere	**quiēscō, quiēvī** (aus)ruhen; schlafen
sinere	**sinō, sīvī** lassen, erlauben
dēsinere	**dēsinō, dēsiī** aufhören
alere	**alō, aluī** ernähren, großziehen
colere	**colō, coluī, cultum** bewirtschaften, pflegen, verehren
cōnsulere	**cōnsulō, cōnsuluī, cōnsultum** *m. Akk.* befragen, beraten *m. Dat.* sorgen für
dēserere	**dēserō, dēseruī, dēsertum** verlassen, im Stich lassen

pōnere	**pōnō, posuī, positum** (auf)stellen, (hin)legen, setzen
compōnere	**compōnō, composuī, compositum** abfassen, ordnen, schlichten; vergleichen
dēpōnere	**dēpōnō, dēposuī** ablegen, niederlegen, aufgeben
impōnere	**impōnō, imposuī, impositum** auferlegen, (hin)einsetzen
prōpōnere	**prōpōnō, prōposuī, prōpositum** darlegen, in Aussicht stellen
cēdere	**cēdō, cessī, cessum** gehen, nachgeben, weichen
accēdere	**accēdō, accessī** herbeikommen, hinzukommen
concēdere	**concēdō, concessī** erlauben, nachgeben, zugestehen
discēdere	**discēdō, discessī** auseinandergehen, weggehen
excēdere	**excēdō, excessī, excessum** hinausgehen, weggehen
incēdere	**incēdō, incessī, incessum** *m. Akk.* heranrücken, eintreten; (jmd.) befallen
prōcēdere	**prōcēdō, processī** (vorwärts)gehen, vorrücken

| cingere | cingō, cīnxī |
| | umgeben, umzingeln |

| claudere | claudō, clausī |
| | abschließen, einschließen |

| dīcere | dīcō, dīxī, dictum |
| | sagen, sprechen |

| dūcere | dūcō, dūxī, ductum |
| | führen, ziehen |

| abdūcere | abdūcō, abdūxī |
| | wegführen |

| addūcere | addūcō, addūxī, adductum |
| | heranführen, veranlassen |

| condūcere | condūcō, condūxī |
| | zusammenführen; anwerben, mieten |

| dēdūcere | dēdūcō, dēdūxī, dēductum |
| | hinführen, wegführen |

| ēdūcere | ēdūcō, ēdūxī, ēductum |
| | herausführen |

| indūcere | indūcō, indūxī |
| | (hin)einführen, verleiten |

| exstinguere | exstinguō, exstīnxī, exstīnctum |
| | auslöschen, vernichten |

| fingere | fingō, fīnxī, fictum |
| | gestalten, sich (etwas) ausdenken |

flectere	flectō, flexī
	biegen, (hin)lenken, umstimmen
gerere	gerō, gessī, gestum
	ausführen, führen, tragen
adiungere	adiungō, adiūnxī
	hinzufügen, anschließen
coniungere	coniungō, coniūnxī, coniūnctum
	verbinden, vereinigen
laedere	laedō, laesī
	beschädigen, verletzen, beleidigen
mittere	mittō, mīsī, missum
	(los)lassen, schicken, werfen
āmittere	āmittō, āmīsī
	aufgeben, verlieren
committere	committō, commīsī, commissum
	anvertrauen, veranstalten, zustande bringen
dēmittere	dēmittō, dēmīsī, dēmissum
	hinabschicken, sinken lassen
dīmittere	dīmittō, dīmīsī
	aufgeben, entlassen
omittere	omittō, omīsī, omissum
	aufgeben, beiseitelassen
permittere	permittō, permīsī, permissum
	erlauben, überlassen

prōmittere	prōmittō, prōmīsī versprechen
nūbere	nūbō, nūpsī, nūptum *m. Dat.* heiraten
premere	premō, pressī, pressum (unter)drücken, bedrängen
opprimere	opprimō, oppressī, oppressum bedrohen, niederwerfen, unterdrücken
regere	regō, rēxī lenken, leiten; beherrschen
pergere	pergō, perrēxī aufbrechen, weitermachen
surgere	surgō, surrēxī sich aufrichten, sich erheben, aufstehen
scrībere	scrībō, scrīpsī, scrīptum beschreiben, schreiben
īnstruere	īnstruō, īnstrūxī, īnstrūctum aufstellen, ausrüsten; unterrichten
tegere	tegō, tēxī, tēctum bedecken, schützen, verbergen
trahere	trahō, trāxī ziehen, schleppen
vehere	vehō, vēxī, vectum fahren, tragen, ziehen

vīvere	vīvō, vīxī
	leben
agere	agō, ēgī, āctum
	handeln, treiben, verhandeln
exigere	exigō, exēgī, exāctum
	(ein)fordern, vollenden
cōgere	cōgō, coēgī, coāctum
	(ver)sammeln, zwingen
emere	emō, ēmī, ēmptum
	kaufen
frangere	frangō, frēgī, frāctum
	zerbrechen
legere	legō, lēgī, lēctum
	lesen, auswählen
colligere	colligō, collēgī, collēctum
	sammeln
dēligere	dēligō, dēlēgī, dēlēctum
	(aus)wählen
dīligere	dīligo, dīlēxī, dīlectum
	hochachten, lieben
intellegere	intellegō, intellēxī
	(be)merken, verstehen
neglegere	neglegō, neglēxī, neglēctum
	nicht (be)achten, vernachlässigen

relinquere	**relinquō, relīquī, relictum** unbeachtet lassen, verlassen, zurücklassen
corrumpere	**corrumpō, corrūpī, corruptum** bestechen, verderben
cōnsīdere	**cōnsīdō, cōnsēdī** sich setzen, sich niederlassen
sūmere	**sūmō, sūmpsī, sūmptum** nehmen
cōnsūmere	**cōnsūmō, cōnsūmpsī,** **cōnsūmptum** verbrauchen, verwenden
vincere	**vincō, vīcī, victum** (be)siegen, übertreffen
cadere	**cadō, cecidī** fallen
accidere	**accidō, accidī** geschehen, sich ereignen
occidere	**occidō, occidī** umkommen, untergehen
occīdere	**occīdō, occīdī, occīsum** niederschlagen, töten
currere	**currō, cucurrī** eilen, laufen
occurrere	**occurrō, occurrī** begegnen, entgegentreten

addere	addō, addidī, additum
	hinzufügen
condere	condō, condidī, conditum
	verwahren, verbergen, bestatten;
	erbauen, gründen
crēdere	crēdō, crēdidī
	anvertrauen, glauben
dēdere	dēdō, dēdidī, dēditum
	ausliefern, übergeben
ēdere	ēdō, ēdidī, ēditum
	herausgeben, bekanntmachen
perdere	perdō, perdidī, perditum
	verlieren, verschwenden, zugrunde richten
reddere	reddō, reddidī, redditum *m. dopp. Akk.*
	jmd. zu etwas machen
trādere	trādō, trādidī, trāditum
	übergeben, überliefern
discere	discō, didicī
	lernen, erfahren
fallere	fallō, fefellī
	täuschen, betrügen
parcere	parcō, pepercī *m. Dat.*
	schonen, sparen
pellere	pellō, pepulī, pulsum
	schlagen, vertreiben

expellere	**expellō, expulī** vertreiben, verbannen
repellere	**repellō, reppulī, repulsum** zurückstoßen, abweisen, vertreiben
poscere	**poscō, poposcī** fordern, verlangen
cōnsistere	**cōnsistō, cōnstitī** haltmachen, sich aufstellen
resistere	**resistō, restitī** stehenbleiben; Widerstand leisten
tangere	**tangō, tetigī, tāctum** berühren
attingere	**attingō, attigī** berühren
contingere	**contingō, contigī, contāctum** berühren; gelingen
tendere	**tendō, tetendī, tentum** sich anstrengen, spannen; (aus)strecken
contendere	**contendō, contendī** eilen; sich anstrengen, behaupten; kämpfen
ostendere	**ostendō, ostendī** zeigen, darlegen
tollere	**tollō, sustulī, sublātum** aufheben, in die Höhe heben, wegnehmen

accendere	accendō, accendī, accēnsum anfeuern, anzünden
incendere	incendō, incendī, incēnsum entflammen, in Brand stecken
dēfendere	dēfendō, dēfendī abwehren, verteidigen, schützen
comprehendere	comprehendō, comprehendī, comprehēnsum begreifen, ergreifen, festnehmen
reprehendere	reprehendō, reprehendī, reprehēnsum kritisieren, wieder aufgreifen
metuere	metuō, metuī (sich) fürchten
ruere	ruō, ruī eilen, stürmen, stürzen
dēscendere	dēscendō, dēscendī, dēscēnsum herabsteigen
solvere	solvō, solvī, solūtum auflösen, bezahlen, lösen
statuere	statuō, statuī aufstellen, beschließen, festsetzen
cōnstituere	cōnstituō, cōnstituī, cōnstitūtum festsetzen, beschließen

īnstituere	īnstituo, īnstituī beginnen, einrichten, unterrichten
vertere	vertō, vertī, versum drehen, wenden
āvertere	āvertō, āvertī, āversum abwenden, vertreiben
convertere	convertō, convertī, conversum *(in m. Akk.)* verändern, (um)wenden, richten (auf)
animadvertere	animadvertō, animadvertī bemerken, wahrnehmen
vīsere	vīsō, vīsī, vīsum besichtigen, besuchen

Verben der kons. Konjugation
(mit ĭ-Erweiterung)

cupere   cupiō, cupīvī
verlangen, wünschen, wollen

sapere   sapiō, sapiī
Geschmack haben, Verstand haben

rapere   rapiō, rapuī, raptum
wegführen, rauben, wegreißen

corripere   corripiō, corripuī
ergreifen, gewaltsam an sich reißen

ēripere   ēripiō, ēripuī
entreißen

aspicere   aspiciō, aspexī
erblicken

cōnspicere   cōnspiciō, cōnspexī, cōnspectum
erblicken

perspicere   perspiciō, perspexī
erkennen, genau betrachten, sehen

prōspicere   prōspiciō, prōspexī, prōspectum
schauen auf, sehen

respicere   respiciō, respexī, respectum
zurückblicken; berücksichtigen

capere   capiō, cēpī, captum
fassen, nehmen; erobern

accipere	accipiō, accēpī, acceptum aufnehmen, erhalten, erfahren
excipere	excipiō, excēpī, exceptum aufnehmen, eine Ausnahme machen
praecipere	praecipiō, praecēpī, praeceptum (be)lehren, vorschreiben
recipere	recipiō, recēpī, receptum aufnehmen, wiederbekommen, zurücknehmen
suscipere	suscipiō, suscēpī, susceptum *m. Akk.* auf sich nehmen, sich (einer Sache) annehmen, unternehmen
incipere	incipiō, incēpī (coepī), inceptum anfangen, beginnen
facere	faciō, fēcī, factum machen, tun, handeln
afficere	afficiō, affēcī, affectum *m. Abl.* versehen mit
cōnficere	cōnficiō, cōnfēcī, cōnfectum beenden, fertigmachen
dēficere	dēficiō, dēfēcī abnehmen, ermatten; verlassen, ausgehen
efficere	efficiō, effēcī, effectum bewirken, herstellen

interficere	**interficiō, interfēcī, interfectum** töten, vernichten
perficere	**perficiō, perfēcī, perfectum** erreichen, fertigstellen, vollenden
fugere	**fugiō, fūgī** *m. Akk.* fliehen (vor), meiden
effugere	**effugiō, effūgī** *m. Akk.* entfliehen, entkommen
adicere	**adiciō, adiēcī** hinzufügen
conicere	**coniciō, coniēcī** (zusammen)werfen, folgern, vermuten
ēicere	**ēiciō, ēiēcī** hinauswerfen, vertreiben
obicere	**obiciō, obiēcī, obiectum** darbieten, vorwerfen
subicere	**subiciō, subiēcī, subiectum** darunterlegen, unterwerfen
parere	**pariō, peperī, partum** zur Welt bringen; schaffen

Deponentien

hortārī	**hortor, hortātus sum** auffordern, ermahnen
mīrārī	**mīror, mīrātus sum** bewundern, sich wundern
morārī	**moror, morātus sum** (sich) aufhalten
pollicērī	**polliceor, pollicitus sum** versprechen
verērī	**vereor, veritus sum** fürchten, sich scheuen; verehren
vidērī	**videor, vīsus sum** scheinen, gelten (als)
querī	**queror, questus sum** *m. Akk.* klagen; sich beklagen (über)
loquī	**loquor, locūtus sum** reden, sprechen
sequī	**sequor, secūtus sum** *m. Akk.* folgen
cōnsequī	**cōnsequor, cōnsecūtus sum** erreichen, nachfolgen
ūtī	**ūtor, ūsus sum** *m. Abl.* benutzen, gebrauchen

aggredī	aggredior, aggressus sum angreifen, herangehen
ēgredī	ēgredior, ēgressus sum herausgehen, verlassen
prōgredī	prōgredior, prōgressus sum vorrücken, weitergehen
morī	morior, mortuus sum sterben
nāscī	nāscor, nātus sum entstehen, geboren werden
orīrī	orior, ortus sum entstehen, sich erheben
patī	patior, passus sum (er)leiden, ertragen, zulassen
proficīscī	proficīscor, profectus sum (ab)reisen, aufbrechen

Andere Verben

esse	**sum, fuī** sein, sich befinden
abesse	**absum, āfuī** abwesend sein, fehlen
adesse	**adsum, adfuī** da sein, helfen
dēesse	**dēsum, dēfuī** abwesend sein, fehlen
praeesse	**praesum, praefuī** *m. Dat.* an der Spitze stehen, leiten
posse	**possum, potuī** können
ferre	**ferō, tulī, lātum** bringen, tragen; ertragen
afferre	**afferō, attulī, allātum** bringen, herbeibringen, mitbringen; melden
auferre	**auferō, abstulī, ablātum** rauben, wegbringen
cōnferre	**cōnferō, contulī, collātum** vergleichen, zusammentragen
differre	**differō, distulī, dīlātum** *(ā m. Abl.)* sich unterscheiden (von)

efferre	efferō, extulī, ēlātum
	herausheben, hervorbringen
īnferre	īnferō, intulī, illātum
	hineintragen, zufügen
praeferre	praeferō, praetulī, praelātum
	vorziehen
prōferre	prōferō, prōtulī, prōlātum
	(hervor)holen, zur Sprache bringen
referre	referō, rettulī, relātum
	(zurück)bringen, berichten
īre	eō, iī, itum
	gehen
adīre	adeō, adiī, aditum *m. Akk.*
	herantreten (an), bitten

(Die anderen Komposita zu īre bilden die Stammformen ebenso.)

velle	volō, voluī
	wollen
nōlle	nōlō, nōluī
	nicht wollen
fierī	fīō, factus sum
	gemacht werden; geschehen, werden
nō(vi)sse	nōvī *Perf.*
	kennen, wissen
ōdisse	ōdī *Perf.*
	hassen